Johanna   Spyri

Was die Großmutter gelehrt hat

Erzählung

Johanna Spyri

Was die Großmutter gelehrt hat
Erzählung

ISBN/EAN: 9783337352875

Hergestellt in Europa, USA, Kanada, Australien, Japan

Cover: Foto ©Lupo / pixelio.de

Weitere Bücher finden Sie auf **www.hansebooks.com**

Was die Großmutter gelehrt hat

Erzählung

Johanna Spyri

1. Kapitel

Der Kummer der alten Waschkäthe

Die alte Waschkäthe saß in ihrem Stübchen im einsamen
Berghüttchen und schaute nachdenklich auf ihre
gekrümmten Hände, die sie vor sich auf die Knie gelegt
hatte. Bis der letzte Abendschein hinter den fernen
Waldhöhen verglommen war, hatte sie fleißig an ihrem
Spinnrad gearbeitet. Jetzt hatte sie es ein wenig beiseite
gerückt, die Hände mußten müde sein, die so gekrümmt
und abgearbeitet aussahen. Die Alte seufzte auf und sagte
vor sich hin: "Ja, wenn ich noch könnte wie früher!" Sie
meinte wohl arbeiten, denn das hatte sie tapfer ihr Leben
lang getan. Nun war sie alt geworden, und die früher so
rüstige und unermüdliche Waschfrau konnte gar nichts

mehr tun, als ein wenig spinnen, und das trug sehr wenig ein. Dennoch hatte sie sich schon seit ein paar Jahren auf diese Weise durchgebracht und noch dazu ihr Enkelkind erhalten, das bei ihr lebte und noch nicht viel verdienen konnte. Es hatte zwar auch seine kleinen Einnahmen, denn es war ein flinkes und geschicktes Kind.

Heute erfüllte die Großmutter aber noch ein besonderer Kummer, der ihr schon seit dem frühen Morgen das Herz schwer gemacht hatte. Ihr Enkelkind, das fröhliche Trini, das sie von klein auf erzogen hatte, war zwölf Jahre alt geworden. Es sollte im Frühling aus der Schule entlassen werden und dann in einen Dienst gehen. Heute früh nun war der ferne Vetter unten aus dem Reußtal heraufgekommen und hatte der alten Kusine den Vorschlag gemacht, das Kind ihm anzuvertrauen. Er hatte zwar selbst nicht viel und konnte nichts geben, aber es war dort unten ein guter Verdienst zu finden. Denn die neue Fabrik, die an der wasserreichen Reuß erbaut worden war, brauchte viele Arbeitskräfte. Dort konnte das Trini die Woche über ein schönes Stück Geld verdienen, und daneben konnte es die nötige Arbeit in seinem Haus verrichten, dafür wollte er es beherbergen. Da seine Frau kränklich war und sie keine Magd anstellen konnten, so war ihnen das Kind erwünscht, denn sie wußten, daß es groß und kräftig und sehr geschickt war.

Die Großmutter halte schweigend zugehört, aber in ihrem Herzen hatten die Worte einen großen Kampf entfacht. Der Vetter wünschte auch, daß das Kind schon im Herbst herunterkomme, das halbe Schuljahr könne schon abgekürzt werden, es wisse genug und könne dann gleich etwas verdienen. Außerdem hätte seine Frau es im Winter besonders nötig. Die Großmutter hatte noch immer nichts gesagt. Jetzt, als der Vetter drängte und gleich das Jawort haben wollte, sagte sie, er müsse ihr ein wenig Zeit lassen. Vor dem Herbst wollte sie sich noch nicht entscheiden. Sie sehe den Vorteil des Kindes wohl ein, aber sie müsse sich das alles erst noch überlegen und dann auch mit dem Kinde reden. Der Vetter war nicht recht zufrieden, er hätte gern gleich alles festgemacht und den Tag bestimmt, wann das Trini herunterkommen sollte. Er meinte, mit dem Kind sei doch nichts zu reden, das besitze noch keine Vernunft und kenne seinen eigenen Vorteil nicht. Aber die Großmutter blieb standhaft. Im Herbst möge er noch einmal kommen, dann solle er bestimmt eine Antwort haben. Wenn sie dann einverstanden sei, so könne er dann das Kind gleich selbst mitnehmen, für den Augenblick könne sie nichts weiter sagen. Dabei blieb sie. Der Vetter sah, daß da nichts zu machen war. Er ermahnte nochmals die alte Kusine, des Kindes Vorteil nicht außer acht zu lassen. Es sei ja doch auch ihr eigener Vorteil, wenn das Kind etwas einnehme und sie nachher auch unterstützen könne. Dann ging er.

Schon den ganzen Tag während der Arbeit dachte die Großmutter nach über die Worte des Vetters, aber sie konnte keinen Entschluß fassen. Jetzt in der Dämmerung überlegte sie in Ruhe, und sie mußte ein paarmal tief aufseufzen dabei. Der Vetter hatte recht, es war ein großer Vorteil für das Kind, daß es in seinem Haus wohnen konnte, um von da aus in der Fabrik einen sicheren Verdienst zu finden. Sie selbst wußte keinen vorteilhafteren Weg für das Kind, sie wußte eigentlich gar keinen. Rings herum waren nur kleine Güter, die die Leute alle selbst bebauten und die an der Hilfe ihrer eigenen Kinder genug hatten. Wer eine Magd anstellte, wie es unten im Pfarrhaus oder im Amtshaus oder in dem neuen Wirtshaus die Frauen taten, da mußten es ältere Mädchen sein. Es waren kräftige, erwachsene Personen, die in Küche und Garten zu arbeiten wußten.

Auch die Goldäpfelbäuerin auf dem großen, obstreichen Hof hatte immer eine Magd, aber auch eine große, starke, die ihr in allem helfen konnte. Trotzdem konnte auch die nie lange bei der Bäuerin bleiben. Wenn ihr also nicht einmal eine erwachsene Person die Arbeit recht machen konnte, was wäre dann ein Kind wie das Trini für sie. Daß das Kind aber im Frühjahr, wenn es nun aus der Schule entlassen wurde, eine Arbeit suchen mußte, das sah die Großmutter wohl ein. Seit sie nicht mehr wie früher als Wäscherin auf die Arbeit gehen konnte, sondern nur mühsam mit ihren gekrümmten Fingern am Spinnrad arbeitete, war sie kaum in der Lage, sich und das Kind zu erhalten. Und mit jedem Tage konnte es schwerer für sie werden. Und doch, sich von dem Kind trennen zu müssen, das kam der Großmutter als das Allerschwerste vor, das sie erleben konnte.

Würde die neue Aufgabe für das junge Kind nicht zu schwer sein? Die Alte wußte wohl, wie es bei dem Vetter war. Er selbst hatte eine rohe und unfreundliche Art und war meistens unwirsch. Seine Frau war immer krank und daher auch nicht gut gelaunt. Sie saß meistens freudlos und wie abgestumpft in ihrer Ofenecke und sagte kein Wort. Nun war es so schlimm mit ihr geworden, daß der Mann daran denken mußte, eine Hilfe ins Haus zu holen. Da hätte dann das Kind die Geschäfte im Haus alle allein zu besorgen und konnte dann erst zur Arbeit in die Fabrik gehen. War nun für all die Arbeit das Kind nicht noch zu jung? Und wurde es ihm nicht zu schwer fallen, von der Großmutter weg, die es so lieb hatte, in ein ganz fremdes Haus zu gehen. Würde sie es ertragen, nie ein Wort der Liebe und des Trostes zu hören? Daran war ihr liebes Trineli nicht gewohnt.

Der Großmutter trat jener Tag vor Augen, als es ihr ins Haus gebracht worden war, ein kleines, hilfloses Ding, das niemand brauchen konnte und das niemand pflegen wollte. Damals hatte sie noch rüstige Hände und gute Kräfte, und wenn sie auch von früh bis spät tätig sein mußte, sie tat es gern. Die Waschkäthe hatte drei Kinder gehabt, zwei Söhne und eine Tochter. Ihr Mann war an einem hitzigen Fieber gestorben, als die Kinder alle drei noch ganz klein waren. Da mußte die Käthe viel arbeiten, damit die Kleinen etwas zum Anziehen hatten und keinen Mangel litten. Tag und Nacht war sie bei der Arbeit, und jedermann ringsum rief sie zur Hilfe bei der großen Wäsche. Denn man wußte, keine arbeitete so gut wie die Käthe, die wegen dieser Tätigkeit überall nur die Waschkäthe hieß. Als ihre Söhne groß waren, bekamen sie Lust, in die Ferne zu wandern, und gingen miteinander nach Amerika. Die Tochter verheiratete sich und zog ins Tal hinab. Aber nicht viel mehr als ein Jahr später starb sie plötzlich noch ganz jung. Das betrübte ihren Mann so sehr, daß er es daheim nicht mehr aushalten konnte. Er brachte das ganz kleine Trineli zur Großmutter hinauf und sagte: "Da, Mutter, nimm du das Kind, ich weiß nichts damit anzufangen. Ich muß fort, es hält mich nichts mehr hier." Dann ging er zu den Schwägern nach Amerika.

Von dem Tag an hatte die Waschkäthe eine neue Sorge, aber auch eine neue, große Freude nach vielem Kummer und Leid. Das kleine Trineli entwickelte sich schnell und lohnte der guten Großmutter ihre Mühe und Arbeit mit einer ungewöhnlichen Liebe und Anhänglichkeit. Sie hatten viele lustige Stunden miteinander, denn das Kind war immer so beweglich und lebendig wie ein munteres Fischlein im Wasser. Mit jedem Jahre wurde es der Großmutter lieber und unentbehrlicher.

Alle diese vergangenen Tage stiegen nun in der Dämmerung vor der alten Waschkäthe auf, und der Gedanke, das Kind so weit und vielleicht für alle Zeit von sich zu schicken, machte ihr das Herz immer schwerer. Aber sie kannte einen Tröster, der ihr schon in vielen trüben Stunden geholfen und auch manches gefürchtete Leid gemildert hatte. Den wollte sie doch nicht vergessen. Lieber, als so die schweren Gedanken hin- und herzuwälzen in ihrem Innern, wollte sie jetzt die ganze Sache dem lieben Gott übergeben. Mußte es sein und mußte sie dieses Leid der Trennung ertragen, so hatte doch der liebe Gott seine schützende Hand dabei. Es konnte ja alles zum Besten des Kindes geschehen, und sein Wohl ging ihr noch über das eigene. Als die Großmutter dies alles überlegt hatte, faltete sie still die Hände und sagte andächtig vor sich hin:

"Drum, meine Seele, sei du still
Zu Gott, wie sich's gebühret,
Wenn er dich so, wie er es will,
Und nicht wie du willst führet.
Kommt dann zum Ziel der dunkle Lauf,
Tust du den Mund mit Freuden auf,
Zu loben und zu danken."

2. Kapitel

In den Erdbeeren

Während die alte Käthe so gedankenverloren erst an ihrem Spinnrad und dann in der Dämmerung saß, ging es oben am Sonnenrain ziemlich laut zu. Hier wuchs jedes Jahr eine Fülle der schönsten, saftigsten Erdbeeren. Wenn sie reif waren, schien es oft, als ob ein großer, dunkelroter Teppich vom Sonnenrain herunterhinge, der in der Sonne glühte. Der Platz war den Kindern von Hochtannen, wie das kleine, aus zerstreuten Häusern bestehende Bergdörfchen hieß, wohlbekannt. Sie wußten auch recht gut, daß, wenn man die Beeren ausreifen ließ, ein schöner Gewinn damit zu erzielen war. Denn diese ungewöhnlich großen, saftigen Beeren wurden überall gern gekauft. So gaben die Kinder selbst acht aufeinander, daß nicht etwa die einen zu früh die Beeren holten, bevor sie die rechte Reife erlangt hatten. Erscholl aber an einem schönen Junitag unter den Schulkindern der Ruf: "Sie sind reif am Sonnenrain! Sie sind reif!", dann stürzte noch an demselben Abend die ganze Schar hinaus zum Sonnenrain. Jedes Kind hatte einen Korb in der Hand, und sie liefen, so schnell sie konnten, denn jedes wollte zuerst auf dem Platz sein und die schönsten und reifsten Beeren finden.

Die mitgebrachten, Körbe, Kratten genannt, hatten alle dieselbe Form, aber verschiedene Größen. Sie hatten die Form von Zylinderhüten, mit dem Unterschied, daß bei diesen die Öffnung unten ist, wo der Kopf hineingesteckt wird, bei jenen aber oben, wo die Erdbeeren hineingeworfen werden. Wenn dann die Dämmerung gekommen war und man die Beeren nicht mehr sehen konnte, wurde die Arbeit beendet. Dann deckte man die Kratten mit großen Blättern zu und befestigte zwei hölzerne Stäbchen kreuzweise darüber, damit der Wind die Blätter nicht entführe. Nun stimmte man das Erdbeerlied an, und voller Fröhlichkeit zog die ganze Schar heimwärts. Alle sangen aus vollen Kehlen:

Erdbeeren rollen,
Die Kratten all, die vollen,
Erdbeeren mit Stielen,
Jetzt trägt man sie heim die vielen,
Erdbeeren an Ästen,
Die meinen sind die besten!

Am schnellsten und am fleißigsten aber von allen war die Enkelin der alten Waschkäthe, das lustige Trini. Immer wußte es, wo die schönsten Beeren standen und wo noch am wenigsten gepflückt worden war. Dann schoß es dahin und rupfte mit einer Gewandtheit, daß kein anderes Kind schneller war und die Langsamen in seiner Nähe gar nichts erwischten. Auf einen kleinen Stoß kam es dem Trini dabei auch nicht an, wenn ihm eine schöne Stelle besonders ins Auge fiel, wo schon ein anderes Kind Beeren sammelte. Niemals aß es von den Früchten, bis sein Kratten so voll war, daß es eben noch die hölzernen Stäbchen über den Blättern festmachen konnte, ohne die zarten Früchte zusammen zu drücken. Erst dann kamen noch einige der süßduftenden Beeren in den Mund und schmeckten herrlich nach der harten Arbeit. Vorher hätten sie aber dem Trini gar nicht geschmeckt, denn es war ihm, als gehörten sie alle der Großmutter, bis keine einzige Beere mehr in den Kratten hineinging.

Das Trini strengte sich sehr an, für seine liebe Großmutter auch etwas zu tun. Es fühlte wohl, wie aufopfernd und gut sie zu ihm war und wie hart sie immer noch arbeitete, damit sie beide keinen Mangel leiden mußten. Es hatte auch sein Leben lang nie andere, als liebevolle Worte von ihr gehört. Und wie oft hatte es gespürt, daß sie viel lieber sich selbst als ihm etwas versagte. Dafür hing es auch mit dem ganzen Herzen an der Großmutter, und mit ungeheurer Freude sah es die Beerenzeit wieder kommen. Dann konnte es täglich seinen vollen Kratten heimbringen oder ihn dahin tragen, wohin er bestellt war, um dann ein schönes Geldstück zu verdienen. Das war für die Großmutter eine große Einnahme, die freilich nur eine kurze Zeit dauerte. Viel brachten aber nur die allergrößten Kratten ein, und diese hatten das Trini und das kleine, bleiche Maneli. Dieses konnte aber niemals seinen Kratten auch nur zur Hälfte füllen. Das Maneli, das eigentlich Marianne hieß, war mit Trini im gleichen Alter. Beide saßen auf derselben

Schulbank, aber sie sahen sehr verschieden aus. Trini war groß und stark und hatte feste, runde Arme und rote Backen. Es fürchtete sich vor den größten Buben in der Schule nicht, denn es wußte sich zu wehren.

Das Maneli aber war schmal, blaß und sehr schüchtern. Es war ärmlich gekleidet und sah aus, als bekomme es nie genug zu essen, Das stimmte wohl auch, denn es hatte noch fünf kleinere Geschwister und seine Mutter war oft krank. Der Vater, der ein Tagelöhner war, brachte nicht immer so viel heim, daß es zu allem langte. Eben jetzt, da die Dämmerung heranrückte, hatte Trini das kraftlose Maneli mit einem heftigen Stoß auf die Seite geschoben. Denn es stand noch an einer Stelle, die mit besonders großen Beeren bedeckt war, und Trini wollte schnell seinen Kratten damit vollfüllen. Es gelang ihm auch, und vor allen anderen rief es jetzt siegesgewiß: "Voll! Fertig! Heim! Heim!" Nun riefen auch die anderen: "Heim! Heim!" und schon hatte sich das Trini mit seinem vollen, schön verpackten Kratten hingestellt, um den Zug anzuführen. Mit heller Stimme begann es zu singen:

Erdbeeren rollen,
Die Kratten all, die vollen…

Als die Schar singend und jauchzend die ersten Häuser erreicht hatte, stoben die Kinder plötzlich alle auseinander, die einen aufwärts, die anderen abwärts. Das Trini lief mit allen Kräften den Berg hinauf, es hatte noch einen ziemlich langen Weg zu machen. Das Häuschen der Großmutter stand hoch oben und war das höchste von ganz Hochtannen. Jetzt kam das Trini am Hof der Goldäpfelbäuerin vorbei. Sie schaute eben über die Hecke, die den Hof umschloß, und als sie das Kind so vorbeirennen sah, rief sie ihm zu: "Komm doch einmal hierher und zeig mir deine Beeren!"

Das Trini war in seinem Eifer schon ein gutes Stück über die Stelle hinaus, wo die Bäuerin stand, aber es kam schnell zurück, denn die Aussicht, die Beeren gleich verkaufen zu können, kam ihm sehr gelegen.

"Hast du auch etwas Rechtes? Zeig her!" fuhr die Bäuerin fort, als das Trini an der Hecke stand und seinen Kratten zu ihr emporhob. "Ich kaufe sonst keine solche Ware, es wächst Besseres auf meinem Hof. Aber man sagt, eingekocht sei das Zeug gut gegen allerhand Übel. So gib's her! Was geben sie dir unten im Wirtshaus für die Beeren?"

"Einen Franken", antwortete das Trini.

"So, das ist auch genug für solches Beerenzeug. Aber du mußt's haben, um deiner Großmutter willen, das ist eine brave Frau, die viel arbeitet. Du bringst ihr doch das Geld heim und machst keinen Firlefanz damit?"

"Nein, das tue ich nicht", entgegnete das Trini. Es sah die Bäuerin mit Augen an, die denen einer kleinen, wilden Katze nicht unähnlich waren, denn es ärgerte sich über diesen Verdacht. Die Bäuerin lachte und sprach:

"Nur nicht gleich so aufgebracht, so etwas kommt auch vor. Aber komm, wir wollen wieder gut Freund sein! Da, das ist der Franken für die Großmutter, und wenn ich dir noch einen Münze für dich gebe, so wird's dir auch nicht leid sein. So, jetzt lauf wieder!"

Das Trini dankte hocherfreut und lief davon, hörte auch nicht zu rennen auf, bis es oben beim Häuschen angekommen war. Jetzt stürmte es in die kleine Stube hinein, wo es fast dunkel geworden war. Nur ein letzter, lichter Streifen am Abendhimmel schimmerte noch in das

Fenster hinein, dort wo die Großmutter saß. Das Trini stürzte zu ihr hin und erzählte so eifrig von seinen Erlebnissen, daß immer das zweite Wort vor dem ersten heraus wollte. Es dauerte ziemlich lange, bis die Großmutter verstanden hatte, daß die Erdbeeren schon verkauft seien und ein ganzer Franken und noch ein Geldstück dazu dafür bezahlt worden war. Auch den mußte die Großmutter nehmen, das Trini wollte kein Geld behalten, denn es sollte alles der Großmutter gehören. Daß sie heute noch ein Geldstück über das Gewöhnliche hinaus bekam, machte dem Trini eine besondere Freude.

"Ja, Großmutter, und siehst du", fuhr das Trini immer noch halb außer Atem fort, "ich war vor allen anderen zuerst fertig und hatte doch den Kratten so voll wie kein anderes Kind. Das Maneli hatte seinen nicht halb voll. Es machte auch furchtbar langsam, und wenn es an einem guten Platz war, an den ich auch kam, so hatte ich schon wieder alles weggerupft, ehe es nur eine Handvoll erwischen konnte."

Die Großmutter hatte sich sehr über die guten Nachrichten und auch über den reichlichen Gewinn des Kindes gefreut. Aber jetzt sagte sie ernsthaft: "Aber Trineli, du stößt doch nicht etwa das Maneli weg, wenn es einen guten Platz gefunden hat, so daß du dann die Beeren bekommst? Das wäre nicht recht."

"Doch, freilich, das tue ich schon, das tut man immer, Großmutter", versicherte das Trini. "Es muß jedes sehen, daß es die meisten und die schönsten erwischt. Daher geht es dann natürlich immer so rauh zu."

"Nein, nein, das mußt du mit dem kleinen, schwachen Maneli nicht mehr tun", mahnte die Großmutter. "Siehst du, es kann nicht neben dir aufkommen, es ist kraftlos und kann sich nicht wehren, und seine Mutter hätte die Beeren nötig. Sie weiß gewiß manchmal nicht, wo sie für alle die kleinen Kinder Brot hernehmen soll. Tue das nicht mehr, Trineli, laß das arme Kleine ein andermal auch zu seinen Beeren kommen. Aber jetzt setz dich zu mir her", fuhr die Großmutter in einem anderen Ton fort, "ich habe etwas mit dir zu reden, du bist vernünftig genug, um es zu verstehen."

Neugierig setzte sich das Kind hin, denn es war noch nie vorgekommen, daß die Großmutter es so ernst anblickte, um mit ihm zu reden.

"Trineli", fing sie jetzt bedächtig an, "wir müssen daran denken, was du für Arbeit tun könntest, wenn du nun im Frühling aus der Schule kommst. Der Vetter aus dem Reußtal ist heute morgen hier gewesen. Im Herbst könntest du zu ihm hinunterkommen und dir dort in der Fabrik etwas verdienen. Vielleicht würde es dein Glück sein. Du könntest von einem Jahr zum anderen weiterkommen und so deinen Weg machen. Was meinst du dazu?"

"Lieber will ich sterben!" rief das Trini zornig.

"Mußt nicht so unbedacht reden, Trineli", mahnte die Großmutter freundlich. "Sieh, der Vetter will etwas für dich tun. Er meint es gut, wir wollen ihn nicht böse machen, wir wollen noch miteinander über die Sache nachdenken."

"Und wenn der Vetter käme und mich tausendmal töten wollte, so ginge ich doch nicht!" rief das Trini, und man konnte sehen, wie es immer wütender wurde.

"Wir wollen jetzt nichts weiter sagen. Wenn es für dich gut ist, so wird es so sein müssen, Trineli, und dann wollen wir's annehmen und denken: 'Der liebe Gott schickt's, es muß gut sein'."

Die Großmutter wollte damit das Gespräch beenden, aber

das Kind fing plötzlich an, bitterlich zu weinen. Die Tränen stürzten ihm wie Bäche aus den Augen, und unter heftigem Schluchzen stieß es hervor: "Großmutter, wer soll dir dann Holz und Wasser bringen, wenn es kalt wird? Was willst du denn machen, wenn du wieder im kalten Winter nicht aufstehen kannst, und es ist kein Mensch bei dir und zündet Feuer an und macht dir ein wenig Kaffee und bringt ihn dir? Und du bist ganz allein und kannst nichts machen, und wenn du rufst, so kommt kein Mensch. Ich gehe nicht, Großmutter, ich kann nicht gehen! Ich kann nicht!"

"Komm, Trineli, komm", sagte beschwichtigend die Alte, die einen
solchen Ausbruch nicht erwartet hatte, "komm, wir müssen nun unser
Abendbrot essen, und dann wollen wir beten und zu Bett gehen. Über
Nacht hat der liebe Gott auch schon manches anders gemacht, als es am
Abend vorher war."

Aber das Trini mit seiner heftigen Gemütsart war nicht so schnell wieder im Gleichgewicht. Es konnte keinen Bissen hinunterbringen, und bis tief in die Nacht hinein hörte die Großmutter sein Schluchzen und Weinen. Das war ein neuer Kummer für die alte Waschkäthe. Sie hatte nicht geglaubt, daß das Kind sich so über den Vorschlag des Vetters aufregen würde.

3. Kapitel

Dem Trini wird etwas Neues verständlich

Mehrere sonnige Tage waren seit dem leidvollen Abend

vergangen. Die Großmutter sagte kein Wort mehr von der drohenden Trennung. Sie vergaß sie freilich nie und hatte manchen schweren Augenblick zu ertragen, wenn wieder deutlich vor ihr stand, was ja kommen mußte. Aber sie wollte nicht mehr davon mit dem Kind reden. Sie hatte ihre Sache dem lieben Gott anvertraut. Und deshalb konnte sie sich im stillen immer wieder an der Zuversicht festhalten, wenn das Schwere kommen müßte, so werde er es für das Kind zum Guten wenden. Als nun die Großmutter gar nichts mehr sagte und alles wieder wie vorher war, die Sonne schien und die Vögel wie immer lustig pfiffen, da dachte das Trini, die Gefahr sei vorüber. Es glaubte, der liebe Gott habe wirklich, wie die Großmutter gesagt, über Nacht etwas geändert, und die alte Fröhlichkeit kehrte in Trinis Herz zurück. Jeden Abend, wenn die Kinder über die Wiesen liefen, hörte man allen anderen voraus Trinis helle Stimme erschallen:

Erdbeeren rollen,
Die Kratten all, die vollen...

Der Sonnenrain war nun ganz abgeerntet, und man mußte weiterliegende Plätze aufsuchen. Da gab es noch ergiebige Stellen oben beim Wald und hinten bei der Mühle, und vor allem war noch die Kornhalde da. Dort waren ganze Schätze von Erdbeeren zu finden, das wußten die Kinder alle. Aber die wenigsten trauten sich dort hinaufzugehen. Da mußte man um das große Kornfeld herum an der Hecke bis zu dem schmalen Grasstreifen hinaufsteigen, der zwischen dem Korn und dem großen Moosfelsen lag. Dort, wo die Sonne den ganzen Tag heiß brannte, schossen die Erdbeeren schon fast rot aus dem Boden und wurden wie Kirschen so groß.

Aber der Kornbauer, dem das große Feld gehörte, konnte es nicht leiden, daß die Kinder dort Beeren suchten. Denn er behauptete, sie zerstampften ihm das Korn, und hier und da mochte es auch geschehen sein. Wenn er deshalb die Beerensuchenden dort oben traf, jagte er sie augenblicklich mit den größten Drohungen davon. Und nicht selten folgte den Drohungen gleich die Erfüllung, denn das Mittel dazu trug er immer bei sich, das war seine feste knochige Hand. So wagten es nur die Allerkühnsten, an diesem Streifzug teilzunehmen, und zu denen gehörte auch das Trini. Eben heute sollte die Unternehmung stattfinden, denn schon seit dem frühen Morgen schimmerte es oben am Moosfelsen wie feuriges Gold und blitzte und flammte ins Tal hinab. Das Trini war zuerst auf dem Platz, von wo man aufbrechen wollte. Es hatte seinen großen Kratten an einer langen Schnur um den Hals gebunden, damit es nachher immer mit beiden Händen zugleich rupfen und die Beeren hineinwerfen konnte. Das ging genau doppelt so schnell wie bei denen, die mit der linken Hand den Kratten festhalten mußten. Jetzt kamen die Buben gelaufen, die mit wollten. Mädchen kamen keine, sie fürchteten sich alle. Nun ging es vorwärts. Aber heute durfte unterwegs nicht wie sonst geschwatzt und gelacht werden, denn man wollte nicht, daß der Bauer etwas von der Unternehmung bemerkte. Sorgsam schritt eines hinter dem anderen die Hecke entlang, denn die Furcht hatte sie gelehrt, das Korn zu schonen.

Nun waren sie alle oben, und welch eine wundervolle Ernte lag vor ihnen ausgebreitet! Dunkelrot glühten die großen Beeren zwischen allen Halmen durch, über alle Blätter hinaus. Es war ein überquellender Reichtum, man konnte nur so in die Fülle hineinfahren. Mit blitzenden Augen begann auch das Trini zu pflücken, und bevor die anderen nur probiert hatten, wie die Beeren schmeckten, hatte es schon den halben Kratten gefüllt. Mit beiden Händen faßte es immer zu nach allen Seiten hin, denn da guckten ja immer noch schönere und noch größere hervor. Aber plötzlich ertönte eine wütende Stimme:

"Ihr Feldratten, seid ihr schon wieder da?" Da stand der
kräftige Bauer mit den knochigen Händen vor ihnen und
hob seine Faust in die Höhe. "Macht, daß ihr auf der Stelle
fortkommt und ich keines mehr sehe, oder..." Wie der Wind
waren die Buben alle davongelaufen und verschwunden.
Aber beharrlich rupfte das Trini noch ein, zwei, drei Beeren
weg. Jetzt nur noch die drei großen—nur noch jene zwei—
das Trini konnte sich nicht trennen, die Beeren reuten es gar
zu sehr.

"Jetzt weiß ich, wer das Korn zerstampft und so frech ist wie
eine Schärmaus. Mach, daß du den Fleck räumst, und komm
mir nicht noch einmal ans Korn!" drohte der Bauer zornig.

"Ich habe gewiß nie das Korn zerstampft, keine Ähre",
versicherte das
Trini, immer noch rupfend, "ich wollte ja nur die Beeren
holen."

"Ich kenne dich wohl", brummte der Bauer. "Pack dich, oder
ich nehme dich bei den Ohren und schüttle dich, daß du
meinst, du hättest deren vier am Kopf!"

Der Bauer kam heran. Jetzt schoß das Trini auf und davon.
Von seiner inneren Entrüstung getrieben, daß es alle die
schönen Beeren hatte stehenlassen müssen und doch nie
Korn zerstampft hatte, flog es beinahe, bis es daheim war.
Geladen wie eine kleine Kanone, stürzte es auf die
Großmutter los und rief: "Nein, nie habe ich das Korn
zerstampft, keine Ähre ausgerissen und nur die Beeren
genommen. Jetzt fressen sie die Schnecken, und ich wollte
auch, der liebe Gott ließe dem Bauer zur Strafe vier Ohren
an den Kopf wachsen, denn ich habe ihm nichts Böses
getan."

"He, he, Trineli, was kommt dir denn in den Sinn?" sagte
mahnend die
Großmutter. "Komm, setz dich zu mir nieder, es ist
Feierabend. Ein
Licht zünden wir heute nicht an, der Mond scheint hell
genug zum
Abendessen. Komm, erzähl mir alles, wie es zugegangen ist."

Daß die Großmutter anhören wollte, was es zu berichten
und zu klagen hatte, besänftigte das Trini schon ein wenig.
Es setzte sich hin und berichtete gern, was es erlebt hatte. Es
versicherte, daß es keiner Ähre etwas zuleide tun wollte, nur
die Beeren nehmen, die jetzt von den Würmern und
Schnecken verdorben würden. Als es zu des Bauern
Drohung von den vier Ohren kam, mußte es noch einmal
rufen: "Nicht wahr, Großmutter, wenn ihm zur Strafe jetzt
vier Ohren anwachsen würden, das hätte er verdient. Denn
ich habe ihm gar nichts getan und nie, nie ein Korn
zerstampft!"

"Trineli", sagte jetzt die Großmutter, "wir wollen dem Bauer
seine zwei Ohren lassen, aber wir wollen etwas von ihm
profitieren. Siehst du, man kann alles brauchen und seinen
Gewinn davon haben. Und wäre es ein ungerechtes Wort, es
kommt nur darauf an, von wem wir die Worte nehmen.
Wenn einer kommt und uns ohne Grund etwas Böses tut
oder sagt, so wie dir heute der Bauer, und es tut uns recht
weh, dann müssen wir ein wenig weiter denken und fragen:
'Haben wir nicht doch so etwas verdient?' Dann kommt uns
auf einmal in den Sinn, daß wir einmal einem anderen recht
weh getan haben, der es leiden mußte und sich nicht
wehren konnte. Und nun haben wir erfahren, wie's tut,
und es wird uns leid darum sein. Wir wollen es nicht mehr
tun und wieder bei den anderen gutmachen, wenn wir es
können. Das ist dann genau das, was der liebe Gott mit uns

gewollt hat, darum hat er den Ungerechten so böse Worte uns sagen lassen. Siehst du wohl, Trineli? Dann können wir aber auch nicht mehr so böse gegen den sein, der das getan hat. Denn wir wissen, der liebe Gott hat ihn gebraucht, wie ich meinen Besen brauche, wenn ich die Stube schön sauber und rein fegen will. So macht der liebe Gott uns das Herz wieder sauber und in Ordnung, und wir haben den Gewinn. Denn es wird uns dann wohl und leicht, wie es uns vorher nie gewesen ist. Hast du gut zugehört, Trineli, und willst du daran denken, was ich dir gesagt habe?"

Das Trineli hatte wirklich aufmerksam zugehört, und über den Worten der Großmutter war sein Zorn gegen den Bauern ganz vergangen. Jetzt kamen ihm seine schönen Erdbeeren wieder in den Sinn. Es holte sie schnell herbei, damit die Großmutter noch im Mondschein die Prachtbeeren bewundern konnte. Wenn auch der Kratten nur halb so voll war wie gewöhnlich, so hatte sie doch außerordentliche Freude und sagte immer wieder, solche Wunderbeeren habe sie noch nie gesehen. Das Trini wollte schnell noch damit zur Goldäpfelbäuerin hinunter, aber die Großmutter sagte, so spät kaufe die Bäuerin keine Beeren mehr. Am nächsten Morgen solle es seine Beeren zum Wirtshaus hinuntertragen.

4. Kapitel

Noch eine zornige Rede und was daraus folgt

Der Juli ging seinem Ende entgegen und mit ihm die schöne Erdbeerenzeit. Nur oben beim Wald über Hochtannen war noch eine späte, kräftige Sorte der Beeren zu finden, die besonders gut bezahlt wurden. Denn jetzt reisten viele Fremde über den Berg, und unten im Wirtshaus an der

19

großen Straße machten sie meistens Halt. Die seltenen Beeren kamen dann der Wirtin sehr gelegen. Aber man brauchte viel Zeit, die Kratten auch nur halb zu füllen, und man mußte genau wissen, wo die vereinzelten Beeren wuchsen. Aber wer fröhlichen Mutes war wie das Trini, dem machte das keine schweren Gedanken. An einem warmen Sommerabend lief es mit freudestrahlendem Gesicht den Berg hinauf, dem Tannenwald zu. Es wußte, daß nun die letzten, würzigen Beeren dort oben die rechte Reife erlangt hatten. Auch das Maneli und noch einige andere Kinder kannten den Platz, aber den meisten war der Weg zu weit und die Suche zu mühsam.

Nur das Maneli kam mit seinem großen Kratten hinter dem Trini her, blieb aber weit zurück. Denn wie ein Reh die steilen Höhen hinaufspringen, konnte nur das Trini, dem an Kraft und Behendigkeit nicht ein einziges Mädchen seines Alters gleichkam. Oben gab es viel Arbeit. Die Beeren waren reif und schön und dufteten herrlich, aber sie mußten erst gesucht werden. In einem sonnigen Winkel standen einige der rot schimmernden Büsche dicht beieinander, und dann konnte man wieder vergebens danach suchen. Trini spähte in alle Löcher hinein, kletterte jeden Erdhügel hinauf, zog alle Grasbüschel auseinander, und wo noch ein rotes Beerlein herausguckte, wurde es schnell gepflückt. Trini hörte auch nicht auf zu klettern und zu suchen und zu rupfen, bis die Dämmerung hereinbrach und aller Tätigkeit ein Ende machte.

Aber dem Trini mußte das nicht leid tun. Es schaute stolz auf seinen Kratten. Denn auch diesmal, gegen seine eigene Erwartung, war er gefüllt bis obenan. Es hatte nur noch Blätter und Stäbchen darauf zu befestigen, denn nicht eine der kostbaren Beeren durfte herausrollen. Jetzt sauste das Trini wie der Wind den Berg hinab. Zum Wirtshaus zu laufen, dazu war's zu spät, aber bis zu der Goldäpfelbäuerin konnte es schon noch kommen. Die wollte gewiß diese letzten schönen Beeren noch haben, und dann konnte es der Großmutter gleich noch den außergewöhnlichen Gewinn heimbringen. Immer eiliger wurde sein Schritt.

Still und traurig hinter ihm her ging das Maneli. Man konnte wohl sehen, daß es an seinem Kratten nicht schwer zu tragen hatte. Es mußte ein anderer Grund sein, warum es so langsam und niedergedrückt daherkam.

Die Goldäpfelbäuerin hatte eben Ärger gehabt. Die junge Magd, die trotzig neben ihr an dem Gemüsebeet stand, hatte ihr alle jungen Setzlinge weggeschwemmt. Es war ihr zu mühsam vorgekommen, den zarten Pflänzchen sorgfältig, jedem einzeln mit der Gießkanne Wasser zu geben, wie die Bäuerin ihr befohlen hatte. Mit dem großen Kübel hatte sie den ganzen Wasserguß über das Beet geschüttet. In der Bäuerin kochte der Zorn auf wie heiße Milch, die überlaufen will, als sie die Zerstörung sah. Da kam das Trini hergelaufen. "Guten Abend!" rief es noch außer Atem, "seht die schönen Beeren. Es sind die letzten, wollen Sie sie?"

"Ich brauche nichts", rief die Bäuerin zornig. "Mach, daß du fortkommst, ich habe keine Zeit für dich." "Wenn Sie sie nur ansehen wollten, sie würden ihnen gefallen", meinte das Trini. "Habe ich dir nicht gesagt, daß ich nichts will? Mach, daß du gehst", wiederholte die Frau. Aber das Trini blieb immer noch stehen. Es dachte: Wenn die Bäuerin nur Zeit hätte, die Beeren anzusehen, dann würde ihr schon die Lust kommen, sie zu behalten.

Jetzt aber kochte es über in der Bäuerin, denn ihr Zorn hatte schon lange einen Ausweg gesucht. Daß sie ihn nicht an der trotzigen Magd ausließ, dafür mochte die Frau ihre Gründe haben.

"Hast du Harz an den Sohlen?" rief sie grimmig, "oder guckst du nach den reifen Äpfeln aus, damit du weißt, welchen Baum ihr zuerst wieder schütteln wollt, wie ihr es immer macht, du und das andere Lumpenvolk?"

Das konnte aber das Trini nicht auf sich sitzen lassen, so etwas hatte es nie getan.

"Ich habe nie, nie die Bäume geschüttelt und nicht einen einzigen
Apfel..."

"Du wirst nicht besser sein als alle anderen!" unterbrach die Bäuerin.
"Ich will kein Wort mehr hören, dort geht's hinaus!"

Damit erhob die Frau so rasch und drohend ihren Arm, daß es dem Trini nicht mehr sicher zumute war. Es rannte aus dem Garten und um die Hecke herum. Aber hier konnte es nicht mehr weiter. Auch sein Blut war wegen der ungerechten Anschuldigung in Wallung geraten. Es setzte sich auf den Boden hin, es mußte sich Luft machen.

"Nein, das habe ich nicht getan", rief es aufgeregt. "Ich habe nie die Äpfelbäume geschüttelt, nie! Aber die Bäuerin ist nur ein Besen, ja, sie ist nur ein Besen, das hat die Großmutter gesagt, und der liebe Gott will nur etwas herausfegen mit ihr. Aber ich habe gar nichts gemacht, ich habe nichts Böses getan." Hier hielt das Trini auf einmal inne. Denn plötzlich stieg die Frage in ihm auf, was denn wohl der liebe Gott habe ausfegen wollen in seinem Herzen, wenn es doch nichts Unrechtes getan hatte. Nun wurde das Trini ganz still und nachdenklich. Nach einer Weile stand es langsam auf. Es sah gar nicht mehr aufgebracht aus. Halblaut sagte es noch: "Ja, es ist wahr, das war doch nicht recht." Dem Trini war beim Nachdenken auf einmal eingefallen, daß es heute wieder mehrmals das Maneli auf die Seite gestoßen und sich schnell über die Beeren hergemacht hatte, die das Maneli auch gern eingesammelt hätte. Es war aber immer still auf die Seite gewichen, das Trini war ja viel stärker und flinker. So leistete ihm das Maneli niemals Widerstand.

Nun wollte das Trini sein Unrecht wieder gutmachen und dem Maneli schnell noch ein wenig von seinen Beeren abtreten. Es lief immer eiliger, aber nicht bergan, der Wohnung der Großmutter zu, sondern querfeldein eine ganze Strecke weit. Bei einem elenden, kleinen Häuschen, an dem die alten Fensterscheiben halb oder ganz zerbrochen und mit Papier verklebt waren, blieb es stehen und holte ein wenig Atem. Es war jetzt dunkel geworden. Durch die zerbrochenen Scheiben schimmerte ein dünnes Lichtlein. Auf einmal hörte das Trini ein leises Schluchzen ganz in seiner Nähe. Es schaute sich um. Auf einem Holzblock vor dem Häuschen saß ganz unbeweglich eine kleine Gestalt, den Kopf auf die Arme gelegt. Trini trat hinzu.

"Was hast du, Maneli?" fragte es erstaunt, als es die kleine Gestalt erkannt hatte, "warum weinst du so?"

Das Maneli hob den Kopf und sah so traurig aus, wie Trini es noch nie gesehen hatte.

"Ich darf nicht hinein", sagte es schluchzend, "die Mutter ist krank und schon zu Mittag hatten wir fast nichts mehr zu essen. Dann sagte sie, für den Abend bringe ich, will's Gott, etwas heim, wenn ich in die Beeren gehe und sie dann gleich ins Wirtshaus trage. Ich würde dann ein Schwarzbrot mitbringen, meinte die Mutter. Aber sieh, Trini, nur die habe ich." Damit hob das Maneli seinen Kratten in die Höhe und Trini guckte hinein. Es war fast gar nichts darin, kaum der Boden des Korbes war bedeckt. Das Trini fühlte seinen schweren Kratten am Arm. Es war ihm, als werde er immer schwerer und drücke es nicht nur am Arm, sondern auch auf dem Herzen. Auf einmal riß es Stäbchen und Blätter weg, kehrte seinen Kratten um und schüttete den ganzen, reichen Inhalt in Manelis leeren Korb, so daß dieser bis oben hin voll war und noch übrig blieb von den Beeren. Diese legte das Trini schnell auf die Blätter am Boden und sagte: "Nimm die auch noch hinein. Gute Nacht." Und fort rannte es in hohen Sprüngen.

"Trini! Trini! Danke tausendmal!" rief ihm das Maneli aus allen Kräften nach, dann stürzte es in die Hütte hinein. Jetzt hielt das Trini auf einmal an und kam zurück gerannt. Es wollte sehen, was die Mutter beim Anblick von Manelis Kratten sagen wurde, der ja den ganzen Sommer lang nie so voll gewesen war. Durch die zerbrochenen Scheiben an dem niedrigen Häuschen konnte es alles sehen, was drinnen vorging. Die bleiche Mutter stand, von den kleinen Kindern umringt, am Tisch und schaute auf die Beeren im Kratten und auf den Teller daneben, der auch noch ganz voll war. Sie schlug ihre Hände zusammen und sagte immer wieder zu dem Maneli, das freudestrahlend zu ihr aufschaute: "Wie ist es möglich, Kind? Wie ist es nur möglich?"

"Vom Trini, vom Trini!" wiederholte das Maneli drei-, viermal, "es hat sie mir alle gegeben, alle! Und denk, Mutter, für diese Menge gibt die Wirtin jetzt zwei ganze Franken."

"Gott vergelt's dem Kind und ersetz es ihm und der Großmutter hundertfach, was es heute für uns getan hat. Er weiß allein, wie ich mich die ganze Nacht hindurch gesorgt habe, wo ich am Morgen Brot für euch nehme. Und nun haben wir ja für einige Tage genug."

Die bleiche Frau hatte bei diesen Worten die Hände gefaltet, als danke sie im stillen noch für die große Wohltat. Jetzt schoß das Trini davon mit einer Freude im Herzen, wie es in seinem ganzen Leben noch keine empfunden hatte. Die Großmutter hatte wohl recht gehabt, daß man am Ende den Gewinn davon habe, und daß es einem so wohl werde wie noch nie, wenn man es recht verstehe, was der liebe Gott ausfegen wolle. Nun machte es noch neue Pläne in seinem Herzen: Bald konnte man auch in die Heidelbeeren gehen und in die Brombeeren. Und es wollte jedesmal, wenn es seinen Kratten gefüllt hatte, noch dem Maneli den seinigen füllen helfen. Wenn nicht beide voll wurden, so wollte es immer mit ihm teilen. Denn das Trini hatte sich über die Worte der armen, kranken Mutter mehr gefreut, als über den eigenen vollen Kratten. Als es dann endlich heimkam und nun aufgeregt seine Erlebnisse erzählte und zuletzt der Großmutter den ganz leeren Kratten vorwies, sagte es bittend: "Nicht wahr, du bist nicht böse mit mir, Großmutter, daß ich kein einziges Beerlein heimbringe. Du wirst sie gewiß alle dem Maneli und seiner kranken Mutter gönnen?"

Da lobte die Großmutter das Kind und sagte, was es getan habe, freue sie mehr, als wenn es ihr zwei ganze Kratten voll nach Haus gebracht hätte. So gut wie heute abend dem Trini seine Kartoffelsuppe schmeckte, hatte ihm noch kein Essen geschmeckt. Denn es dachte immer daran, wie nun das Maneli noch sein Schwarzbrot hatte heimbringen können, wie jedes sein Stück bekomme und es gewiß jetzt eben fröhlich verspeiste.

5. Kapitel

Wie es mit dem Vetter geht

Schon war der letzte Sommermonat, der warme August da. Auf allen Bäumen glänzten die Äpfel rotgolden und kündeten den Herbst an. Der Vetter hatte nie wieder etwas von sich hören lassen. In der alten Käthe stieg manchmal die freudige Hoffnung auf, er habe sein Vorhaben geändert und denke nicht mehr an das Kind. Dann wurde es ihr so leicht ums Herz, als seien ihr alle Sorgen abgenommen, als könnte sonst kommen, was da wollte. Hunger und Mangel und Entbehrung aller Art werde sie ertragen, wenn sie nur das Kind nicht weggeben müßte. Das Trini war fröhlich wie ein Vogel vom Morgen bis zum Abend, es hatte den Vetter und seinen Wunsch schon lange vergessen.

Da trat eines Morgens ein junger Bursch bei der Waschkäthe ein und sagte, er komme aus dem Reußtal und habe ihrem Vetter versprochen, ihr eine Bestellung auszurichten. Der Vetter lasse ihr sagen, sie solle die Kleider und alles für das Kind bereithalten, er hole es ab, sobald er wegen seines Geschäfts über den Berg müsse. Mit dem Vormund des Kindes wolle er dann schon alles in Ordnung bringen, was die Schule und den Lohn und das übrige betreffe. Der Großmutter wurde es vor Schrecken ganz schwarz vor den Augen, sie mußte sich schnell setzen, um sich nur wieder ein wenig zu fassen. So war denn plötzlich gekommen, was sie freilich immer im stillen befürchtet, aber doch immer in so weiter, unsicherer Ferne gesehen hatte. Nun war es da, denn daß der Vormund gleich einwilligen und dem Vetter das Kind übergeben würde, dessen war sie sicher. Sie konnte ja für keinen Verdienst sorgen. Sie wußte nicht einmal, wie lange sie sich selbst noch durchbringen konnte. Vielleicht fielen sie beide der Gemeinde zur Last. Der Vetter aber konnte einen so guten Verdienst in Aussicht stellen und für die Versorgung des Kindes für alle Zukunft garantieren. Es mußte sein, das sah sie deutlich vor sich. Die alte Käthe hatte schon viel Schweres erlebt. Aber das Weggeben dieses Kindes, das ihre ganze Freude und Stütze war, kam ihr vor, als wolle man ihr eines ihrer Glieder abreißen, ohne das sie nicht mehr fortleben könnte.

Sie überdachte nun, wie sie dem Kind die Sache beibringen sollte. Aber wenn sie sich vorstellte, in welchen Jammer es das erstemal ausgebrochen war, als sie darüber geredet hatte, so hatte sie nicht den Mut, es wieder und nun mit Bestimmtheit zu tun. Zuletzt dachte sie, das beste sei, gar nicht über die Sache zu reden. Ein kurzer Kampf, wenn der Vetter komme, sei noch am leichtesten zu ertragen. Und inzwischen habe das Kind doch noch ungetrübte Tage. Aber von dem Morgen an lag ein solcher Kummer auf dem Gesicht der Großmutter, daß es dem Trini manchmal ganz bange wurde und es immer wieder fragte: "Großmutter, was hast du denn? Ich will alle Nächte durch Brombeeren suchen, wenn du dich sorgst, wir können nicht mehr leben, weil du nicht mehr so viel tun kannst. Ich brauche nicht zu schlafen, ich kann es schon aushalten, sieh nur, sieh!" Und das Trini streckte seine zwei festen Arme der Großmutter als Beweis entgegen, daß sie sich nicht zu sorgen brauche. Aber es vermehrte nur ihren Kummer. Denn sie sah ja nur zu gut, wie groß und stark das Kind geworden und daß es wirklich zu einer ganz anderen Arbeit fähig war als zu der, die es jetzt verrichtete. Doch am Abend, wenn sie wieder still in der Dämmerung saß und auf alle vergangenen Zeiten und auf so manche schwere Not zurückschaute, aus der ihr der liebe Gott so väterlich geholfen hatte, dann konnte sie mit Vertrauen sagen:

"Drum, meine Seele, sei du still
Zu Gott, wie sich's gebühret."

So saß sie wieder am Fenster, wo noch der Abendschein hereinschimmerte, und wartete auf das Kind, um dann Licht zu machen und das Abendessen zu bereiten. Da hörte sie jemand auf ihr Häuschen zukommen. Das war nicht das

27

Kind, es waren schwere, feste Tritte. Jetzt kam's—es mußte der Vetter sein. Der Großmutter wollte das Herz stillstehen. Nun ging die Tür auf, und mit festem Schritt, einen großen Korb am Arm, trat die Goldäpfelbäuerin herein und fragte: "Wo sind Sie denn, Käthe? Man kann Sie ja gar nicht sehen. Guten Abend wünsch' ich Ihnen!" Die Alte war schnell aufgestanden, hatte ihr Lichtlein angezündet und schüttelte jetzt ihrem Besuch die Hand. Auf dem Tisch stand nun der Korb, und im Schimmer des kleinen Lichts glänzten viele herrliche Goldäpfel, von denen der ganze Hof seinen Namen hatte. "Ich habe Ihnen ein wenig Äpfel gebracht, die Bäume haben dies Jahr schön getragen", sagte die Bäuerin wieder, "was Sie nicht selbst brauchen, wird das Kind nehmen, wo ist es?"

Die Käthe berichtete, Trini sei mit den anderen Kindern noch einmal in die Brombeeren zum Wald hinauf gegangen, es werde aber nun mit dem Beerenlesen bald ein Ende haben. "Das wird's", bestätigte die Bäuerin. "Es ist mir aber gerade recht, daß das Kind weg ist, ich möchte noch etwas mit Ihnen reden." Die Käthe holte ihre Stühle herbei, und als die beiden nun voreinander am Tisch saßen, der große Apfelkorb zwischen ihnen, fing die Bäuerin wieder an: "Ich habe da vor kurzem etwas mit Ihrem Kind gehabt, es wird Ihnen wohl davon erzählt haben. Ich war ein wenig in Zorn geraten, denn die junge Magd hatte mir das ganze Kohlrübenbeet verdorben und war dazu noch unverschämt. So sind sie heutzutage. Und sagt man ihnen ein einziges Wort, das sie nicht gern hören, gleich werfen sie einem den Sack vor die Tür, und es heißt: Suchen Sie sich eine andere Magd. Aber immer mit neuen Leuten wirtschaften, ist keine Freude. Ich war also sehr ärgerlich, als das Kind ankam, und ich habe es beschimpft. Da hörte ich aber etwas, das hat mir gefallen, ich mußte zu mir sagen: Die alte Käthe hat das Kind etwas Gutes gelehrt. Mit einem Mädchen, das so denkt,

28

mußte gut auszukommen sein. Und als ich mir alles so recht überdacht hatte, faßte ich einen Entschluß. Darüber möchte ich jetzt mit Ihnen reden.

"Das Kind ist freilich noch jung, aber es ist groß und stark, und gelehrig sieht es auch aus. Die paar Schulmonate bis zum Frühling haben auch nicht mehr viel zu sagen, und so dachte ich, wenn es Ihnen recht wäre, wollte ich das Kind zu mir nehmen. Den Winter über hätte ich Zeit, es einzuarbeiten, und bis zum nächsten Sommer würde es eine ordentliche Magd für mich. Sie müssen sich aber nicht sorgen, Käthe. Ich weiß schon, daß jetzt die Zeit da ist, da das Kind anfangen muß, für Sie zu arbeiten und etwas Ordentliches zu verdienen. Ich gebe ihm gleich den ganzen Lohn, den die Mägde hatten, und jede Woche noch ein Brot dazu, denn das Kind ist mir das wert. Dazu haben Sie den Vorteil, daß es Ihnen nicht genommen wird. Es ist flink, es kann, wenn Feierabend ist, heim zu Ihnen. Und am Morgen schickt ihr mir's wieder. Am Sonntag darf es schon vom Mittag an bei Ihnen bleiben. Warum fangen Sie denn an zu weinen, Käthe? Das Kind soll es gut haben bei mir, und Sie sollen auch nicht zu kurz kommen. Korn und Obst habe ich auf dem Hof und Milch im Stall. Ein Säcklein Mehl und eine Flasche Milch soll das Kind jeden Sonntag auch heimbringen, und außerdem gibt es das Jahr hindurch noch manches andere, da können Sie sicher sein."

"Sagt nur nichts mehr, es ist ja mehr als genug", konnte hier endlich die alte Käthe hervorbringen, "ich weine ja nur vor Freude, vor lauter Freude. Sie wissen ja nicht, von welchem Kummer Sie mich befreit haben, und welche Wohltat Sie an mir tun."

Und nun erzählte die Alte der Bäuerin, wie sie sich schon den ganzen Sommer über gesorgt hätte und nun jeden Augenblick den Vetter erwarte. Das habe sie dem Kind gar nicht sagen dürfen, weil sie sich vor seinem großen Jammer fürchtete. Eben als die Großmutter fertig erzählt hatte, kam das Trini hereingesprungen. Beim Anblick der goldenen Äpfel auf dem Tisch und der Bäuerin, die daran saß, stand es plötzlich still und schaute mit größter Verwunderung um sich.

"Komm, gib mir die Hand, Trini", sagte die Bäuerin. "Da du meine Bäume nie geschüttelt hast, mußt du mit der Großmutter ein paar Äpfel davon haben."

Über Trinis Gesicht ging ein freudiges Lächeln. So hatte es die Bäuerin doch noch vernommen, daß es das nicht getan hatte, das erfreute sein Herz. Es kam eilig herbei, der Frau die Hand zu reichen. "Was meinst du?" fuhr die Bäuerin fort, "wie gefiele es dir bei mir auf dem Hof, wolltest du brav mit mir arbeiten?"

Das Trini schaute immer verwunderter einmal auf die Bäuerin und dann wieder auf die Großmutter. Diese konnte nicht mehr schweigen in ihrer Freude: "Trineli, denk nur, denk nur, wie es jetzt kommt", rief sie aus, "du kommst nicht ins Reußtal, du sollst nicht von mir fort. Jeden Tag darfst du zu der guten Frau hinunter auf den Goldäpfelhof und am Abend wieder heim. Ach, was ist das für eine Erlösung aus der großen Sorge. Dank ihr, Trineli, dank ihr!"

"So danke ich vielmals. Und ich will gern arbeiten bei Ihnen, was Sie nur wollen", sagte das Trini, das erst jetzt das Angebot der Bäuerin zu würdigen wußte.

"So ist's recht", schloß die Bäuerin, "die Sache ist abgemacht. Das Beerenlesen hat jetzt ein Ende, und das Apfel- und Birnenlesen fängt an. Das ist gerade die rechte Zeit, um bei mir mit der Arbeit anzufangen. Am Montag schicken Sie mir das Kind, Käthe, und geben ihm Ihren Segen mit. Und nun auf Wiedersehen."

Sobald die Tür sich hinter der Bäuerin schloß, fing die Großmutter an, laut zu loben und zu danken, daß der liebe Gott alle ihre Sorge in solche Freude und Hilfe verwandelt hatte. Das Trini jauchzte laut auf: "Juchhe, nun muß ich nie von dir fort, Großmutter! Ich will schon tüchtig arbeiten, dann behält mich gewiß die Bäuerin ihr Leben lang."

Jetzt mußte es aber die goldenen Äpfel noch aus der Nähe betrachten. Auf einmal sagte es: "Großmutter, darf ich nicht dem Maneli noch geschwind die Hälfte bringen? Ich habe jetzt immer mit ihm geteilt."

"Ja, ja", nickte beifällig die Alte, das war ihr gerade recht, daß auch der armen Nachbarin etwas von ihrem großen Glück zugute komme. "Lauf nur gleich, Trineli, und nimm auch mehr als die Hälfte. Es sind so viele, die sich an den Äpfeln freuen werden, geh schnell!"

Trini stürzte fort, und ein ungeheures Freudengeschrei brach bei der
Kinderschar aus, als es die Äpfel auf den Tisch hinschüttete. Sie
rollten da und dorthin und der süße Apfelduft durchströmte die ganze
Stube.

Am Montag, als das Trini unter den Bäumen des Goldäpfelhofes schon eifrig bei seiner Arbeit war, trat der Vetter bei der alten Käthe ein. Jetzt hatte sie keinen Schrecken mehr. Sie sagte ihm, wo das Kind bei der Arbeit sei und daß es dort bleiben werde. Aber so schnell ließ sich der Vetter nicht von seinem Plan abbringen, denn er hatte fest vor, das Kind mitzunehmen. Er lief gleich zum Vormund und sagte ihm, daß das Kind in der Fabrik viel mehr

31

verdienen könne als bei der Bäuerin. Aber der Vormund lächelte nur schlau, denn die Goldäpfelbäuerin war auch bei ihm gewesen. Sie wußte schon, was sie zu tun hatte, wenn sie das Kind behalten wollte. Er sagte, wenn das Kind fort sei, sorge niemand für die alte Frau. Solange es aber bei der Bäuerin sei, wären sie beide versorgt und könnten ohne fremde Hilfe gut leben. Und so sei beschlossen worden, daß das Kind bei der Bäuerin bleibe.

Dem Trini geht es mit jedem Tag besser auf dem Goldäpfelhof Jetzt kennt es schon alle Arbeit, und die Bäuerin mag das flinke, immer frohe Trini so gern, als wäre es ihr eigenes Kind. Die Großmutter sorgt auch dafür, daß das Kind nie vergaß, wer zu ihm redet, wenn es ertragen soll, was weh tut. Denn sie weiß wohl, wie es zu dem guten Platz bei der Bäuerin gekommen ist.